ℛHINOVERLAG

Impressum

© 2008 RhinoVerlag Ilmenau, Dr. Lutz Gebhardt e. K.,
   98684 Ilmenau, PF 100564

   Tel.: (0 36 77) 6 30 25, Fax: (0 36 77) 6 30 40, www.rhinoverlag.de

Fotos:	Volker Knuth und Photographen, die seit 100 Jahren vor ihm das Leben in Heringsdorf auf Postkarten festhielten
Redaktion:	Anette Cotta
Layout, Satz:	Sibylle Senftleben
Schrift:	Book Antiqua
Titelgestaltung:	Sibylle Senftleben
Druck:	DZA Druckerei zu Altenburg GmbH, Altenburg

1. Auflage 2008

ISBN: 978-3-939399-11-7

Dietrich Gildenhaar
Volker Knuth

Seebad Heringsdorf

Die Entwicklung eines Badeortes

 RHINOVERLAG

Inhaltsverzeichnis

Zum Geleit

Das **Ostseebad Heringsdorf** verdankt seine Entstehung einem Oberforstmeister namens von Bülow und dem Reichtum an Wäldern im Südosten der Insel Usedom. In seiner Novelle „Meeresschaumflocken" schwärmt der Schriftsteller und Publizist Willibald Alexis: *„Die ersten Häuser wurden von Freunden der Natur gegründet, die sich aus dem Badegewühl der Stadt in diese liebliche Einsamkeit zurückzogen. An einer schroffen Wand, dicht über dem Meere, dessen Unermesslichkeit vor sich, hinter sich umschattet und umrauscht von dem alten herrlichen Buchenwald, der sich tief in die Insel zieht, konnten sie keinen schöneren Platz wählen. Es ist zugleich ein Stranddorf und ein Gebirgsdorf so dicht am Meere und so malerisch unordentlich auf Hügeln gruppiert."*

Bald nach der Einrichtung einer Fischerkolonie, die 1820 vom preußischen König den Namen „Heringsdorf" erhielt, sorgte von Bülow für Logis, Gesellschaftshaus, Badeeinrichtungen und für eine Kirche, was den sommerlichen Besuch nachhaltig förderte. Die ersten Gäste, vorwiegend Literaten, Poeten und Freunde der Natur, zeigten sich begeistert und animierten ihre Nachfolger zum Bau von Sommerhäusern. Als Theodor Fontane auf der Suche nach den Spuren seiner Kindheit 1863 im Ort Quartier nahm, war die Kolonie bereits um den Kulmberg gewachsen, umfasste dutzende Villen und hatte einen „ausgezeichneten Ruf" in

den Kreisen der gehobenen Gesellschaft, dem sich selbst die Familie des späteren Kaisers Friedrich III. nicht entziehen konnte.

Ganz im Sinne des gerade aus der Taufe gehobenen Wilhelminischen Reiches, gründeten die Brüder Adelbert und Hugo Delbrück 1872 die „Commandit Aktiengesellschaft Heringsdorf", als Grundlage für den Gewinn versprechenden Ausbau des Ortes zum deutschen Nobelbad. Sie verfügten über das notwendige Kapital und über entsprechenden politischen Einfluss, ebenso verkörperten sie selbst die Wünsche und Bedürfnisse der wohlhabenden und wohlhabend gewordenen deutschen Oberschicht. Im Vergleich mit den profilierten Seebädern Swinemünde oder Kolberg ging es dem Publikum in Heringsdorf nicht nur um das strenge Ritual des sommerlichen Lebens an der See, sondern um die bewusste Darstellung ihres Standes, ihrer Macht und ihrer Bildung. So umgab es sich mit schmuckvollen Bauten und der Mode im Stil der Epoche sowie mit Künstlern, Schriftstellern und Berühmtheiten aller Couleur, die das „Nizza der Ostsee" und sich selbst priesen. *„Es war eine Auslese nach Wesen und Beruf verschiedenartiger Persönlichkeiten, die sich da jeden Vormittag in der am Strande neben dem Kurhaus gelegenen, von mächtigen Buchen beschatteten Kegelhalle zusammenfanden […]. Gelehr-*

te und Künstler, Landwirte und Forstmänner, Beamte, Kaufleute und Industrielle aller Geschäftszweige, die zum Teil ihre Villen in Heringsdorf hatten.", stellte der Maler Anton von Werner fest. Auch Kaiser Wilhelm II. ließ es sich nicht nehmen, während seiner alljährlichen Inspektionsreisen nach Swinemünde dem Bad seine Aufwartung zu machen. Die Bedeutung des Ortes spiegelte sich wieder in der Bäderarchitektur sowie in pompösen, aber stets dem Zweck entsprechenden Großbauten, wie der Seebrücke, dem Hotel „Atlantic" oder dem „Strandcasino".

Der Zusammenbruch der Monarchie beendete, was den Status der Gäste betraf, die hohe Zeit des Seebades. Dessen wohlklingender Name aber überdauerte Revolution, Inflation und Weltwirtschaftskrise. Davon legen die Aufenthalte der Schriftsteller Thomas Mann, Alfred Döblin oder Kurt Tucholsky beredtes Zeugnis ab. *„In Heringsdorf herrscht im Mai ein fast schon sommerlicher Betrieb. Das Bad hat eine ganz besondere Note. Es zeigt, besonders am Ufer, eine südlich-heitere Note, könnte ebenso gut irgendein französischer Badeort unten an der Biskaya sein. Und dabei ist er berlinerisch! Die Bezeichnung der Ostsee als Vorort von Berlin erreicht hier ihre vollste Berechtigung"*, verkündeten die Unterhaltungsgazetten. Das fand der ans Meer Reisende im örtlichen „Bade-Anzeiger" und in der Wirklichkeit bestätigt. Das Jahr 1933 und die Jahre danach schienen die Hoffnung auf Stabilität

im Fremdenverkehr zu erfüllen, ausgenommen jüdische Einwohner und deren Gäste.

Den Zweiten Weltkrieg überstand das Seebad ohne materiellen Schaden, aber mit zahllosen Flüchtlingen und der Einrichtung eines Sanatoriums für die Rote Armee. Erst Anfang der fünfziger Jahre, nach Abzug der Besatzungsmacht, setzte ein neuer, anderer Abschnitt des Fremdenverkehrs ein, nun „für die arbeitenden Menschen" und „für die Erholung suchenden Werktätigen", organisiert vom Feriendienst des Freien Deutschen Gewerkschaftsbundes, von Volkseigenen Betrieben, gesellschaftlichen Organisationen und von der führenden Partei selbst. Um dem wachsenden Bedarf an Urlaubsplätzen entsprechen zu können, wurden alle Kapazitäten ausgeschöpft bis hin zum Bau neuer Ferienheime. Der „Staatlich anerkannte Erholungsort" Heringsdorf war jedoch nicht nur heiß begehrtes Reiseziel in- und ausländischer Urlauber, sondern gleichzeitig ein bedeutender regionaler Wirtschaftsstandort im Kreis Wolgast mit Strandkorb- und Rohrmöbelfabrik, Dienstleitungskombinat und medizinischem Zentrum.

Unter marktwirtschaftlichen Bedingungen bot der Ort beste Voraussetzungen für einen der Zeit entsprechenden profitablen und wettbewerbsfähigen Tourismus. Mit erheblichem Investitionsaufwand und unter Berücksichtigung des Bewahrens der zahlreichen historischen Bauten und der Bäderarchitektur im umfassendsten Sinne entwickelte sich Heringsdorf zu einem Seebad, in dem Tradition und Moderne eine gelungene Symbiose eingingen. Zum Symbol der Veränderungen avancierte 1995 die längste Seebrücke Kontinentaleuropas. Die gemeinsame Präsentation von Ahlbeck, Heringsdorf und Bansin als „Kaiserbäder" zog im Jahre 2005 die kommunale Vereinigung des „Dreigestirns" zur Gemeinde Seebad Heringsdorf nach sich, als führendes Erholungs- und Urlaubszentrum im Reiseland Mecklenburg-Vorpommern. Die hier ausgewählten Motive dokumentieren durch den Vergleich zwischen Vergangenheit und Gegenwart sowohl den Bestand an bemerkenswerten Bauten der Wilhelminischen Bäderarchitektur als auch den Wandel des „Badewesens" in vielen seiner Facetten. Dadurch leistet die Darstellung selbst einen Beitrag zu Kultur und Geschichte der Insel Usedom.

Schon um 1903 hat man sich einiges zur Unterhaltung der Gäste einfallen lassen.

Das Seebad Heringsdorf

Der in Stettin tätige Oberforstmeister Georg Bernhard von Bülow auf Rieth erwarb für die Summe von 46000 Talern im Jahre 1817 umfangreiche Acker-, Wiesen- und Waldflächen vom Gut Mellenthin, dessen Eigentümer Bleichert Peter Meyenn in Konkurs geraten war. Zu den Besitzungen gehörten die Fischerdörfer Ahlbeck-adligen Anteils und Neukrug sowie das Bauerndorf Neuhof. Zum Wohn- und Verwaltungssitz wählte von Bülow das Vorwerk und Rittergut Gothen unweit des gleichnamigen größten Sees der Insel Usedom. Von Bülow und sein Bruder Ernst Gottfried profitierten anfänglich vom Holzhandel mit Dänemark. Dann widmete sich der Oberforstmeister den reichhaltig vorhandenen Buchenbeständen im Gothener Forst und legte in der Nähe von Neukrug auf Empfehlung des pommerschen Oberpräsidenten eine Heringsfischerkolonie an. Als der preußische König Friedrich Wilhelm III. und dessen Söhne 1820 Swinemünde sowie weitere Orte auf Usedom inspizierten, kam es am 7. Juni zu einem Treffen mit von Bülow. Der König zeigte sich sehr interessiert am Einsalzen und Verpacken des Herings, wobei dieser Umstand zur Benennung der Siedlung mit dem Namen „Heringsdorf" führte. Die Fische fanden gestalterisch ihren Niederschlag im Seebadwappen, welches 1905 der Kurdirektor Valentin von Bismarck einführte. Bis 1824 ließ der Forstmeister auf dem Kulm, der höchsten Erhebung des Ortes, mehrere Logierhäuser, ein Wirtshaus sowie sein eigenes Wohnhaus errichten. Zudem verkaufte er Parzellen als Baugrundstücke und siedelte weitere Fischer an. Der in Swinemünde ansässige Badearzt und Kreisphysikus Dr. Richard Kind schrieb 1828: „*Heringsdorf, der nächst dem Golmberge von Fremden am meisten besuchte Vergnügungsort, verdient wegen seiner herrlichen Aussicht […] eben sowohl als wegen der übrigen Annehmlichkeiten, die er den Badegästen gewährt, zu den schönsten Punkten des nördlichen Deutschlands und zu den freundlichsten öffentlichen Vergnügungsorten gezählt zu werden, die sich in der Nähe eines Bades befinden […]. Verschiedene Privatpersonen besitzen nämlich in Heringsdorf eigene Häuser und bringen daselbst den Sommer zu; auch die mehrsten dort wohnenden Fischer vermiethen Stuben an Badegäste […]. Für dergleichen ist auch von dem Gutsherrn, dem v. Bülow, ein massives Logierhaus neu erbaut worden, welches vier Familien aufnehmen kann und von dem in Heringsdorf wohnenden Wirtschaftsinspektor […] vermiethet wird.*" Trotz der wohlwollend begleiteten Aktivitäten hatten sich König und Stettiner Domänenkammer aus wirtschaftlichen Erwägungen und im Interesse des Staates schon vier Jahre zuvor für die Hafenstadt Swinemünde als offiziell erstes Seebad auf der Insel Usedom entschieden. Im Besonderen die Kunst- und Literaturszene, geprägt von romantischer Verklärung und vom Suchen nach nationaler Identität, bevorzugte Heringsdorf wegen der außergewöhnlichen landschaftlichen Reize. Unter den ersten Besuchern, die den Ort im Nachhinein bekannt machen sollten, waren Heinrich Laube, Willibald Alexis sowie die Familien der Märchensammler Jakob und Wilhelm Grimm. Karl Baedeker vermerkte in seinem Reisehandbuch: *„Die zahlreichen Häuser und Gasthöfe kündigen Swinemünde zugleich als Seebad an. Die Bäder liegen eine halbe Stunde vor der Stadt, doch werden die zu Heringsdorf, eine Stunde von hier, von vielen wegen der ländlichen Abgeschiedenheit und hübschen Lage, besonders wegen des reinen Seewassers und des kräftigen Wellenschlages vorgezogen."*

Andere Größen, wie der spätere österreichische Außenminister Friedrich Ferdinand Graf von Beust, der preußische Staatsmann Karl Christoph von Kamptz, der Berliner Universitätsprofessor Karl

Der Bau der Brücke erleichterte das Anlegen größerer Schiffe und damit die Anreise der Gäste.

August Klenze oder der Oberregierungsrat Karl von Triest, ließen sich in Heringsdorf Sommerhäuser bauen. Triest, Mitarbeiter des Oberpräsidenten von Pommern, Johann August Sack, machte sich verdient um die Melioration und Besiedlung in Preußen. Nach seinem Vornamen wurde die Inselkolonie Karlshagen benannt. Der Schüler Schinkels, Ludwig Persius, erarbeitete die Pläne für eine neugotische Kirche in Heringsdorf, die 1848 ihrer Bestimmung übergeben werden konnte. König Friedrich Wilhelm IV. bewilligte 1846 dafür nach seinem Kurzbesuch im Badeort, dessen Anfänge er im Kronprinzenalter gesehen hatte, einen Baukostenzuschuss von über tausend Talern. Als von Bülow das Gut Gothen verkaufte, zählte die Statistik seines Badeortes 400 Besucher. Im Vergleich zum benachbarten Ahlbeck betrug die Einwohnerzahl von Heringsdorf-Neukrug um 1850 lediglich 249 Personen, überwiegend Fischer, was aber der weiteren Ausprägung des Badewesens keinen Abbruch tat. Davon zeugen die Lobpreisungen des Stettiner Musikdirektors Carl Loewe, des Biografen Beurmann oder des Historikers Franz Kugler. 1863 entschied sich Theodor Fontane für einen Erholungsaufenthalt in Heringsdorf, wo er am 22. August im Haus der Familie Wallenstedt, jetzt Villa „Fontane", herzliche Aufnahme fand. Sanitätsrat Dr. Heinrich von Wallenstedt, ein Badearzt aus Berlin, verfasste 1879 die erste Werbeschrift für seinen Sommerwohnsitz Heringsdorf. Fontane wandelte auf den Spuren seiner Kindheit, die er als Sohn des Stadtapothekers von 1827 bis 1832 in Swinemünde verbracht hatte. Die Hauptwerke des Literaten „Meine Kinderjahre" und „Effi Briest" sind geprägt von den Erlebnissen in der „Stadt am Strom" und in Heringsdorf. Seiner Frau berichtete er: „Ich traf es aber doch gut, indem ich einen Platz neben Staatsanwalt Homeyer und Oberkonsistorialrat Hermes erhielt, so dass für Unterhaltung bestens gesorgt war.[…]. Nach Tisch zum Kaffee in die Försterei, halber Weg nach Ahlbeck. Hier kam das ganze Konvoichen zusammen, Homeyer und Hermes, Roquette und ich, Lepel und Herr von Wurmb." Der Dichter Bernhard von Lepel und Fontane kannten sich seit ihrer Begegnung in der Berliner Literaturvereinigung „Tunnel unter der Spree", woraus eine jahrelange freundschaftliche Verbindung erwuchs. Die Lepelsche Villa in der Heringsdorfer Badstraße gehörte nach 1900 der Familie Schering. Ernst Schering, Gründer der „Grünen Apotheke" in Berlin sowie Inhaber chemischer Fabriken, legte das Fundament für den späteren Pharmakonzern Schering. Der Koserower Karl Koch dokumentierte in seinen Reisesachbüchern die Veränderungen an der Usedomer Küste, wobei er sich besonders angetan vom Wandel der Heringsdorfer Kolonie zeigte: „Der Wagen hielt vor dem Pahlschen Hotel. […]. Verschlungene Wege führen in das niedere Gebüsch. Dazwischen gucken die niedlichen backsteinernen Häuser und stolzen, geschmackvollen Villen, hier im Stil der zierlichen Schweizerhäuser, dort in italienischer Manier mit geräumigen Balkonen und traulicher Veranda so großartig wie nur irgendwo dem verwöhnten Geschmack genügend, idyllisch hervor […]. Der Strand selbst zeigt uns neben den auf einem Pfahlwerk ruhenden Badeapparaten eine Reihe englischer Badekarren mit Fahnen und Abzeichen verziert." Zwei Badeanstalten, mehrere Badehütten, eine Anstalt für warme Bäder sowie drei Bootsstege genügten damals den Ansprüchen der Gäste, deren Tagesablauf noch keinen festen Regeln folgte. 1866, der preußisch-österreichische Krieg näherte sich gerade dem Ende, weilte die Familie des Kronprinzen Friedrich Wilhelm als Gast der Gräfin zu Stollberg-Wernigerode, neue Eigentümerin der Herrschaft Gothen, im ehemaligen Bülowschen Anwesen. Anfang August reiste der Kronprinz und spätere Kaiser Friedrich III. eigens an, um Gattin und

Ab 1893 die längste und attraktivste Seebrücke an der gesamten Ostseeküste

Kinder heimzubegleiten. Es war sein letzter Heringsdorfaufenthalt, weilte er doch in den Folgejahren im Wolliner Seebad Misdroy, dessen Ausbau er persönlich unterstützte.

Die weitere Zukunft von Heringsdorf hatte sich bereits 1863 entschieden. In Erinnerung an ihre Besuche als Jugendliche bei den Klenzes entdeckten die Brüder Adelbert und Hugo Delbrück auf der Suche nach einer Sommerwohnung das

Seebad zum zweiten Mal: „Den Abend nach Swinemünde zurückgekehrt, um dort die Nacht zu verbringen, beschlossen wir, den nächsten Morgen in aller Frühe nach Heringsdorf herüberzufahren. Wir fuhren bald nach Sonnenaufgang am Strand entlang, und als wir dann vom Strande herauf in den Buchenhain einfuhren, der von der Sonne beschienen im ersten Grün prangte, riefen wir gleichzeitig aus: Weg mit Misdroy, hier bleiben wir." Die Delbrücks, zugehörig der deutschen Oberschicht, verfügten in der Spätphase Preußens über weitreichende Beziehungen und über erheblichen politischen Einfluss. Ihnen gehörten die Concordia-Versicherung und das Bankhaus „Delbrück, Leo & Co." Die sich Bahn brechende Industrialisierung Deutschlands sowie die Profit versprechenden Investitionsbedingungen im Ergebnis der Gründung des Wilhelminischen Kaiserreiches veranlassten die Delbrückbrüder 1872 zur Bildung der „Commandit Aktiengesellschaft Heringsdorf", die mit der Deutschen Baugesellschaft für 115000 Taler das Gelände am Strand, sämtliche Badeeinrichtungen sowie große Waldareale den Besitzern des Gutes Gothen abkaufte. Für die Aktiengesellschaft zeichnete Dr. Hugo Delbrück verantwortlich. In den Vordergrund rückte der gewinnorientierte Ausbau des Seebades. 1877 erfolgte die Loslösung von Gothen und 1878 die vertragliche Umwandlung von Heringsdorf – Neukrug zur Gemeinde „Seebad Heringsdorf", in der sich die Aktiengesellschaft entsprechenden Einfluss sicherte. Als Mitgründer der Deutschen Bank und als dessen Aufsichtsratsvorsitzender sowie als führende Persönlichkeit im Deutschen Industrie- und Handelstag versammelte Adelbert Delbrück in Heringsdorf die Elite der Berliner Wirtschaft um sich. Der Weg zum „Nobelbad" an der Ostsee war somit geebnet. Als überaus gewinnträchtig erwies sich für die Aktiengesellschaft der Verkauf von Parzellen an betuchte Käufer im Ort selbst und an die Bewohner der vereinigten Dörfer Ahlbeck, die ihr eigenes Seebad errichten wollten. Auch bei der Herausbildung des Seebades Bansin ab 1896 konnte das Heringsdorfer Unternehmen in der Landveräußerung gute Umsätze verbuchen. Beide Delbrücks ließen sich selbst im Bad nieder und verschafften den angesehensten Architekten Deutschlands lukrative Aufträge. Das Dünenland östlich und westlich des alten Bades wurde umgestaltet durch den Bau außergewöhnlicher Villen und der Gestaltung ansehnlicher Parkanlagen nach Vorbild großstädtischer Villenviertel. So entstand dort unter Leitung des Regierungsbaumeisters Hermann von der Hude das Delbrücksche Sommerhaus und erhob sich das Anwesen des Berliner Bankiers und Kunstsammlers Benoit Oppenheim, eines der berühmtesten Motive des Malers Lyonel Feininger. Feininger weilte als Besucher allsommerlich zwischen 1908 und 1912 in Heringsdorf. Während seiner Ausflüge, die ihn nach Swinemünde und in das dörfliche Hinterland der Insel führten, fertigte er Dutzende von Skizzen an, die ihm als Grundlage seiner heute berühmten Werke dienten. „Diana", die Villa der Bleichröder-Dynastie, symbolisiert die Einheit von Lebensstil und Architektur im gestalteten Naturraum zwischen Land und Meer. Der architektonische Glanzpunkt sollte 1883 die Villa „Oechsler" des Unternehmers Hermann Berthold werden. Als Typograf und Galvaniseur baute Berthold seine Messing-linienfabrik, Schriftgießerei und das Institut für Galvano-Technik zum weltweit führenden Unternehmen der Branche aus.

Die enorme Vielfalt der Häuser, welche sich in Heringsdorf in nahezu einmaliger Weise präsentiert, war nur möglich durch die seitens der Aktiengesellschaft gewährte Freizügigkeit und das scheinbar unbegrenzte Vorhandensein von Kapital. Auch die zu solidem Wohlstand gekommenen Nachfahren der Bülowschen Kolonisten brachten sich als Bauherren, Hoteliers oder Pensionsbesitzer ein und sorgten mit zeitgenössischer Gästeprominenz für die Festigung des Rufs ihres Seebades. *„Das anspruchsvolle Publikum verlangte selbstverständlich auch repräsentative Hotelbauten, die sich an berühmten Palasthotels namhafter Bäder im Binnenland orientierten. Vorgehängte Balkons gliedern die Fassaden horizontal, ebenso sind Risalite und Türme typisch […]"*, analysierte 1998 der Reisejournalist Wilhelm Hülst treffend in seinem anerkannten Sachbuch „Bäderarchitektur". Ganz im Sinne der Besucher widmeten sich Gemeinde und Aktiengesellschaft bei aller Individualität stets dem, was Heringsdorf ausmachte, nämlich Seebad zu sein. So erstreckte sich die Promenade, angelegt nach 1870 und ständig erweitert, 1902 bis zur Ahlbecker Ortsgrenze. Im Zentrum, dem Konzertplatz, erhob sich das „Strandcasino", in der Gesamtheit eine Glashalle

von 60 Meter Länge, inbegriffen einer Galerie mit Geschäften und dem „Riesensaal für Reunions", für Gesellschaftsbälle. Unweit davon stand das Familienbad *„Der große, weit zurück auf dem flachen Ufer errichtete Hauptbau, welcher den Eingang, das Vestibül und einen großen Versammlungssaal mit breiter offener Veranda davor enthält, streckt […] lange, auf starken Eisenbeton ruhende Flügel weit nach der See hinaus. Im östlichen liegen zu beiden Seiten des mittleren Ganges die An- und Auskleidezellen für die männlichen, im westlichen Flügel die ebenso angeordneten für die weiblichen Badelustigen – im Ganzen mehr als 200 Zellen […]. Die Korridore haben Dächer aus altgoldfarbig bräunlichen russischen Holzschindeln. Mit seltsam gestalteten Mützendächern in abgestumpfter Pyramidenform aus solchen Schindeln sind die Türme und Pavillons gekrönt. Durch die breite Veranda vor dem Gesellschaftssaal über deren Holzgeländer hier die Zuschauer auf das bunte Gewimmel der Herren und Damen in ihren […] meist knapp anliegenden Badekostümen hinabsehen, erhält die Einrichtung eine gewisse Ähnlichkeit mit der herrlichen Badeanstalt auf dem venezianischen Lido"*, schwärmte der Illustrator und Mitarbeiter der „Vossischen Zeitung" Ludwig Pietsch. Der sich über Wochen hinziehende Aufenthalt an der See hatte seine Rituale, die in den Regeln und Normen der Wilhelminischen Gesellschaft wurzelten – vormittags Strandbesuch und Baden, nachmittags Flanieren und Kurkonzert, abends Restaurant und Unterhaltung. Um die

Anreise der Badegäste bequemer zu gestalten, begannen 1891 die Arbeiten für eine hölzerne Seebrücke. Seitens der Swinemünder und Stettiner Reeder bestand großes Interesse daran, konnten sie doch dadurch die Routen der Seebäderdampfer erweitern. Mit einem 500-Meter-Steg, mit Kolonnaden und Geschäften versehen, war die „Kaiser-Wilhelm-Brücke" ab 1893 die längste und attraktivste ihrer Art an der gesamten Ostseeküste. 1902 wurde sie erweitert um einen Motorbootanleger und um die Anlegebrücke für die Rügendampfer. Im gleichen Zeitraum sorgte die Aktiengesellschaft für den Weiterbau der Eisenbahnstrecke Swinemünde – Ahlbeck – Heringsdorf. Der erste Zug fuhr am 1. Juli 1894. Die Verlängerung der Bahnlinie bis Wolgast dauerte noch bis 1911. Seitdem verfügt Heringsdorf über den kleinsten Kopfbahnhof Deutschlands. 1900 übernahm Hugo Delbrücks Sohn Werner den Vorsitz der Aktiengesellschaft. Der Chemiker, Doktor der Philosophie, Techniker und begeisterte Ballonflieger sorgte für eine Pferderennbahn und ließ die „Bismarck-Warte" als höchste Feuersäule des Landes auf dem Präsidentenberg bauen.

Das Bad ersten Ranges rangierte hinsichtlich der Besucherzahlen zwar hinter Swinemünde, Kolberg, Misdroy und Ahlbeck, galt jedoch unbestritten als „Nizza der Ostsee" und als Bad der erlesensten Gäste. Während der Inspektionsreisen und Nordlandfahrten des Kaisers lief die Jacht „Hohenzollern" regelmäßig den Hafen Swinemünde an. In die Geschichte eingegangen sind in diesem Zusammenhang die nachmittäglichen Ausflüge Wilhelm II. nach Heringsdorf, wo ihn in der Villa „Miramare" die verwitwete Elisabeth Staudt zur Teestunde erwartete. Konsul Wilhelm Staudt, Eigentümer des Hauses seit 1900, war zu Wohlstand gekommen durch den Im- und Exporthandel sowie durch die Beteiligung an der „Deutsch-Überseeschen-Elektricitätsgesellschaft". Als er 1906 plötzlich verstarb, zog sich Konsulin Staudt immer häufiger nach Heringsdorf zurück. Die Treffen zwischen ihr, Wilhelm II. und dessen ausgewählten Begleitern dienten dem ungezwungenen Gedankenaustausch abseits der üblichen Etikette. Die Staudts verkauften 1937 das Haus an Professor Theodor Morell, der als Berliner Modearzt und späterer Leibarzt Hitlers bereits seit längerem im Ort eine Kurpension besaß, deren Leitung in den Händen seiner Schwester lag.

Die Hoffnung der Einwohner auf ein gutes Ende des Ersten Weltkrieges zerschlug sich mit der deutschen Niederlage, dem Zusammenbruch der Monarchie und dem Zerfall der gesellschaftlichen Schicht, aus der sich das Gästepotenzial des Bades bis dahin zusammengesetzt hatte. Sinkende Einnahmen aus der Vermietung oder anhaltender Leerstand ließen so manches Haus bei wechselnden Besitzern zum Spekulationsobjekt werden. Vom wirtschaftlichen Niedergang in den zwanziger Jahren erholten sich die Heringsdorfer nur allmählich. Erst 1931 konnte der Gästevorkriegsstand wieder erreicht werden. Heinrich Mann, Badegast 1930, stellte in seinem Essay „Berliner Vorort Heringsdorf" fest: „*Dreieinhalb Stunde Bahnfahrt, und man findet ein schönes, bequemes Hotel und Villenviertel gleich an der See. Mit dem Auto macht das fünf Stunden. Die Folge ist, dass Heringsdorf noch mehr Berliner Wochenendbesucher sieht als Badegäste […]. Eine Anzahl sind Familien, die Wohnungen für den ganzen Sommer gemietet haben, die meisten mögen in Hotels absteigen; aber was dann noch alles leer steht […]. Heringsdorf bewahrt Haltung und Tradition oder wenigstens die Reste davon.*"

Gemeindeverwaltung und Kurdirektion ließen um 1930 unter großen Anstrengungen eine neue Sole erschließen, den Kurplatz erweitern, einen Musikpavillon errichten und den Konzertgarten anlegen. Ebenso wurde das „Strandcasino" modernisiert. In seiner „Chronik von Seebad Heringsdorf" berichtet Pastor Hartwig: „*Ganz großartig stellt sich jedes Jahr gegenüber der Brücke das Hotel 'Atlantik' dar. Es wurde 1873 erbaut und 1866 und 1906 bedeutend erweitert. Ein gewisser Eberbach, Mitbesitzer des ‚Atlantic Hamburg' errichtete den Mittelbau und gab dem Hotel den Namen […]. Kenner haben dieses Hotel, welches lange Jahre hindurch dem ‚Kaiserhof' Berlin gehörte, und das neuerdings auf das Moderneste eingerichtet worden ist, als eine der schönsten und großartigsten Gaststätten des europäischen Kontinents*

überhaupt bezeichnet […]. Man hat es verstanden, dieses so herrlich gelegene Hotel mit dem wundervollen Blick auf das blaue Meer zu einem Lieblingsaufenthalt für das […] Publikum zu machen. Mit seiner wohl 500 Personen fassenden mächtigen Glashalle erinnert es lebhaft an die Palasthotels der Riviera."

Auf der Seebrücke warben Plakate und Sonderangebote für Reisen mit dem „Seedienst Ostpreußen" nach Pillau oder mit den Dampfern der Braeunlich-Reederei zur Insel Bornholm. Personenkraftwagen, Linienomnibusse, Radio, Tonfilm und politische Kundgebungen waren ebenso Zeichen der Veränderungen wie die vielen Erwerbslosen, welche das Kreisamt unweit der „Bismarck-Warte" beim Bau der Freilichtbühne als Arbeitsbeschaffungsmaßnahme einsetzte. Die Nationalsozialisten deklarierten die Anlage als „Thingstätte des Dritten Reiches" und nutzten sie fortan für Aufmärsche und Großkundgebungen. 1933 verlegte der Wolgaster Carl Martin Harder seine Strandkorbmanufaktur nach Heringsdorf. Der Bedarf an Körben war nach Erteilung der Badeerlaubnis außerhalb der Badeanstalten kontinuierlich angestiegen. Diese „Freibadeerlaubnis" ersparte der Kurdirektion Personal und teuere Instandhaltungsmaßnahmen. Harder erarbeitete sich dank zahlreicher Verbesserungen und Erfindungen an seinen Körben in der Branche bald den Ruf des kreativsten deutschen Strandkorbherstellers. Der allseitige Aufschwung ab Mitte der dreißiger Jahre ließ noch einmal alten Glanz erahnen. Zur Schau stellten sich Gauleiter Schwede-Coburg und Reichskriegsminister Blomberg ebenso wie die UFA-Filmstars Evelyn Holt und Heinz Rühmann. Die eigentliche Elite des „Reiches" zog es dagegen in andere Seebäder, vor allem wegen der traditionell jüdischen Eigentümer und Gäste in Heringsdorf, für deren Diffamierung, Ausgrenzung, Verfolgung und Deportation Nazi-Propaganda und amtliche Stellen im Kreis ab 1933 alles

Die Promenade in den 1930 er Jahren

langfristig vorbereitet hatten. Den Fremdenverkehr in den Usedomer Seebädern beendete vorerst das Kriegsjahr 1943. Statt mit Gästen füllte sich der Ort mit aus zerbombten Städten „verschickten" Kindern, Verwundeten und Flüchtlingen.
Am 4. Mai 1945 verließen Soldaten und örtliche Führungseliten fluchtartig das Seebad im Rahmen der kurz zuvor vom Oberkommando der Wehrmacht ausgelösten „Aktion Knobelbecher". Den Störangriffen russischer Schlachtflieger fielen

noch mehrere Einwohner zum Opfer. Während der Besetzung durch Einheiten der Roten Armee nahm das Seebad keinen materiellen Schaden. Die Befehle der Sieger regelten Beschlagnahmungen von Grundstücken, Unterbringung von Obdachlosen, Lebensmittelversorgung, Beseitigung von Kriegsschrott, die Sprengung der „Bismarck-Warte" und die gefürchtete „Entnazifizierung". Erschwerend für die Normalisierung des Lebens wirkte sich die Festlegung der Sowjetischen Militäradministration in Deutschland (SMAD) aus, Villen und Anlagen entlang der Promenade als Sanatorien für verwundete und kranke Armeeangehörige zu nutzen. Das Sperrgebiet umfasste ebenso Seebrücke, Hotel „Atlantic" und Kureinrichtungen. Nach der Zerstörung des „Strandcasino" durch ein Großfeuer 1946 sorgte die SMAD für ein neues Kulturhaus mit 750 Plätzen. Gestalterisch geprägt von der Architektur der „Stalinära", realisierte das Vorhaben als Auftragnehmer die Norddeutsche Baugesellschaft Schwerin. In Erinnerung an den Kuraufenthalt des Schriftstellers Maxim Gorki 1922 in der Villa „Irmgard" initiierte der verantwortliche örtliche Kulturoffizier die Ausgestaltung des Hauses zur Gedenkstätte. Anfang 1950 erfolgte die Übergabe des Sanatoriumskomplexes an die DDR-Regierung. Diese wiederum übereignete die rund 40 Grundstücke als Heime dem 1947 gegründeten Feriendienst der Gewerkschaften, dem Gesundheitswesen, einzelnen Ministerien, dem ZK der SED sowie gesellschaftlichen Organisationen. Das „Atlantic" als größtes von 16 Objekten wurde umgestaltet zum FDGB-Heim „Solidarität". Damit verband sich der Neuanfang des nun staatlich gelenkten Fremdenverkehrs in Heringsdorf mit der Präsentation als eines der ersten Seebäder „für die arbeitende Bevölkerung, für internationalen Urlauberaustausch und für Gäste des Weltgewerkschaftsbundes" in der DDR. In der Saison 1952

weilten im Bad bereits mehr als 29000 Urlauber. Der im Küstenbereich vorherrschende prozentual hohe Anteil von privaten Beherbergungs-, Gastronomie- und Handwerksbetrieben führte im Februar 1953 vor dem Hintergrund der Verwaltungsreform, der verstärkten Grenzsicherung und dem Kurs auf die „Schaffung sozialistischer Produktionsverhältnisse" zur „Ferienaktion Küste", nachfolgend als „Aktion Rose" bezeichnet. Die Enteignungswelle erfasste in Heringsdorf mehrere Unternehmer und Hotelbesitzer sowie den Strandkorbfabrikanten Harder. Umstrukturiert zum Volkseigenen Betrieb „Korbmöbel Seebad Heringsdorf" entwickelte sich dieser zum größten Strandkorbhersteller der Republik und zum wichtigen Arbeitgeber. Die erweiterten Kapazitäten des Feriendienstes, vertragliche Belegungsregelungen mit privaten Kleinvermietern und das beginnende Kurwesen ließ die Urlauberzahl allmählich auf 48000 Personen ansteigen. 1956 hatte Heringsdorf nach der Eingemeindung von Neuhof 4972 Einwohner bei einem Bestand von 356 Häusern, von denen 24 als Ferienheime der Nutzung unterlagen. Zu den anstehenden Aufgaben zählte seitens der Gemeinde die umfassende Reparatur der Seebrücke, welche in den fünfziger Jahren zeitweise als Basis für die Bergung des 1945 vor der Küste gesunkenen Linienschiffes „Schlesien" diente. Im Juni 1958 wurde der Eingangspavillon durch Brandstiftung vollständig zerstört. Alle Aktivitäten des Wiederaufbaus der Anlage endeten 1961. In den Jahren danach kam es zu weiteren Veränderungen im Erholungswesen durch die Inbetriebnahme von ganzjährig nutzbaren Betriebsferien- und Sonderheimen. Auf Initiative des Wissenschaftlers Professor Manfred von Ardenne erhielt Heringsdorf eine „Volkssternwarte", und 1974 bekam das Seebad den Titel „Staatlich anerkannter Erholungsort" zugesprochen. Krankenhaus, Poliklinik, Dienstleistungskombinat, der Betrieb „Menüko-Gefrierkost" sowie die Einbeziehung des Militärflughafens Garz-Heringsdorf in das Liniennetz der „Interflug" prägten das Seebad zum regionalen Wirtschaftszentrum der östlichen Inselregion. Die Vorgaben von Regierung und Gewerkschaft zur Kapazitätserweiterung in den Erholungsgebieten des Landes konzentrierten sich im Einzelnen auch auf Heringsdorf. Neben anderen ersetzte das historische Gebäude des Heimes „Solidarität" ab 1984 ein groß dimensionierter Neubau unter gleichem Namen. Nach Überwindung der Übergangsperiode Anfang der neunziger Jahre folgte in Heringsdorf eine, für die Insel Usedom beispiellose Rekonstruktions-, Werterhaltungs- und Aufbauphase unter nun marktwirtschaftlichen Bedingungen. Der enorme private und geförderte investive Aufwand richtete sich besonders auf den komplexen Erhalt der „Wilhelminischen Bäderarchitektur", auf den Bau mehrerer Rehabilitationskliniken sowie auf die Um-

gestaltung des Kulturhauses zum „Forum Usedom" mit Maritim-Hotel, Kursaal und Spielbank. 1995 konnte die längste Seebrücke Kontinentaleuropas ihrer Bestimmung übergeben werden. Das ermöglichte die Wiederaufnahme des Seebäderschiffsverkehrs entlang der Usedomer Außenküste. Als günstige Rahmenbedingungen in diesem Prozess der Veränderungen erwiesen sich die Bildung des Zweckverbandes „Kaiserbäder", nachfolgend Zweckverband Seebäder Insel Usedom Ahlbeck, Heringsdorf, Bansin. Dadurch konnten umfassende infrastrukturelle und verkehrstechnische Vorhaben sowie der Wohnungsbau realisiert werden. Auf kulturellem Gebiet entwickelte sich das „Usedomer Musikfestival" zur festen Größe im Fremdenverkehr unter internationalen Bedingungen. Zwölf Jahre nach der „Wende" verwies die Statistik des Seebades auf 3525 Einwohner, 6148 Gästebetten, 158722 Gäste und 898742 Übernachtungen. Am 1. Januar 2005 stellten die „Kaiserbäder" durch den kommunalen Zusammenschluss zur Gemeinde Seebad Heringsdorf mit mehr als 9000 Einwohnern die Weichen für die Zukunft unter den sich verändernden Bedingungen nach der Vollmitgliedschaft des benachbarten Polens in der Europäischen Union sowie in der Zusammenarbeit mit dem skandinavischen Bereich der „Europaregion Pomerania".

Abendstimmung an der Seebrücke 2007

Ostseebad Heringsdorf,
Strandleben.

Im Strandbereich westlich der Seebrücke standen 1907 drei der insgesamt sechs Heringsdorfer Badeanstalten. Zwischen den Strandkörben bewegen sich steif und unsicher einzelne Badegäste, als könnten sie gegen die Etikette und Regeln verstoßen. Am Wasser liegen Ruderboote zum Ausleihen bereit. Die Badeanstalten verloren nach Einführung

der Freibadeerlaubnis 1923 allmählich an Bedeutung und wurden abgetragen. Die Strandkörbe eroberten vollends den Lieblingstummelplatz der Badegäste und Urlauber. Im Hintergrund erhebt sich die Steilküste des Langen Berges beim Seebad Bansin.

Ostseebad Heringsdorf.   Strandpartie, Blick nach den Bädern und der Brücke.

Die Fischerei in Heringsdorf war um 1910 noch ein wichtiger Wirtschaftszweig und die Boote finden sich deshalb als häufiges Postkartenmotiv. Im Strandbereich zwischen Heringsdorf und Bansin, abseits von Seebrücke und Damenbad, verirrten sich nur wenige Gäste. Das räumliche Zusammenwachsen der Seebäder Heringsdorf und Bansin sowie

die hohe Besucherzahl beflügelten das Strandleben. Dennoch suchen auch heute die meisten Urlauber den zentralen Strandabschnitt in Seebrückenähe auf. Strand, bewaldete Dünen und der Kulm prägen die Landschaft.

Seebad Heringsdorf. Kuranlagen.

*Die Postkarte, vertrieben Anfang der 1930er Jahre, zeigt das bei den Gästen beliebteste Motiv des Seebades. Zu Fü-
ßen des Hotel „Atlantic" liegt die „Kaiser-Wilhelm-Seebrücke" in ihrer ganzen Länge. Daneben breiten sich die gepflegten Kuranlagen aus, in dessen Zentrum der neue Konzertpavillon steht. Das Zentrum des Seebades hat sich in*

der jüngeren Vergangenheit zwar sichtbar gewandelt, ist aber bewusst dem historischen Vorbild nachgeahmt. Seit 1995 weist wieder eine Seebrücke hinaus in die Ostsee. Im Mittelpunkt der umgestalteten Kuranlagen, erneut mit Springbrunnen, erhebt sich die großzügig gestaltete „Muschel".

Ein Gast des Hotels „Minerva" verschickte 1905 diese Postkarte. Die Villa im ausgeprägten Stil der „Wilhelminischen Bäderarchitektur" konnte auf den Vorzug einer hervorragenden verkehrsgünstigen Lage verweisen. In greifbarer Entfernung lagen Bahnhof, Kurpark und Tennisplätze. Das Hotel „Stadt Berlin", ehemals „Minerva", blieb

als architektonisches Ensemble erhalten. Lediglich der Eckeingangsbereich wurde in die Mitte der nach Süden ausgerichteten Fassade verlegt. Die Veranden innerhalb des Portikus gewähren Ausblicke zu den nahen Ausläufern des Präsidentenberges.

Reinicke & Rubin, Magdeburg

Heringsdorf
Die Kurhäuser mit der Brücke

Die besonders detailgetreue Ansicht aus dem Jahr 1901 zeigt den Bereich des Übergangs vom Landungssteg zum hölzernen Landpavillon der „Kaiser-Wilhelm-Seebrücke". Die kunstvolle Konstruktion wird durch die Farbgestaltung optisch unterstrichen. Im Hintergrund stehen das erste Gebäude des späteren Hotelkomplexes „Atlantic" sowie

das Warmbad. Die Veränderungen zu 1901 sind augenscheinlich. Das Alte hat dem Neuen Platz gemacht, wobei die Gebäudeplatzierung den Vorgängerbauten entspricht. Der Landungssteg endet wiederum am Landpavillon der Seebrücke. Im Hintergrund erheben sich die Wohntürme von Kurhotel und Rehabilitationsklinik.

Seebad Heringsdorf - Seebäderdampfer „Frigga"
und „Rugard" an der Seebrücke

Das Anlegen der Seebäderschiffe „Frigga" und „Rugard" war stets ein besonderes Ereignis. Im Bestand der Stettiner Braeunlich-Reederei erfolgte deren Einsatz im Liniendienst zwischen Stettin und den Oderinseln. Neben der Eisenbahn waren die Bäderschiffe das wichtigste Verkehrsmittel bis zum Beginn des Zweiten Weltkrieges. Erst der

Neubau von Landungsstegen in Bansin und Ahlbeck sowie die Eröffnung der Seebrücke Heringsdorf ermöglichte zwischen 1993 und 1995 die Wiederaufnahme des Seebäderschiffsverkehrs. Zum Einsatz kamen bisher vorwiegend die „Adler"-Fahrgastschiffe der Insel- und Hallig-Reederei.

Ostseebad Heringsdorf, Lindemanns Grand-Hotel Seeschloß

Das „Seeschloß" dokumentiert eindrucksvoll die Bedeutung und den Status des Seebades Heringsdorf in der Wilhelminischen Epoche. Grundlegende architektonische Akzente setzen die gekuppelten Säulen der mittigen Loggia sowie Erker und Balkone im Neobarock. Als Bauherr fungierte die Hotelierfamilie Lindemann. Die Sanierung des „See-

schloss", ab den 1950er Jahren als Ferienheim der Gewerkschaft genutzt, wurde erst um 2003 abgeschlossen, den nicht mehr vorhandenen Turm ersetzte ein Neubau auf der Grundlage alter Pläne. Damit endete die Wiederherstellungsperiode des baulichen Gesamtensembles im Bereich der Seestraße, Ecke Kulmstraße.

Seebad Heringsdorf, Kuranlagen.

4290a/1

Das Zentrum des Seebades Heringsdorf in den 1930er Jahren zeigt dieses Postkartenmotiv. Im Vordergrund rechts erstreckt sich das „Strandcasino", unmittelbar an die Promenade grenzend. Dann folgt das gewaltige Gebäudeensemble des Hotels „Atlantic" mit sich anschließendem Warm- und Solbad. Der Konzertplatz geht über in den Pavillonbereich

der Seebrücke. 2007 zeigt die Flaniermeile, fotografiert aus gleicher Perspektive, ihr verjüngtes Aussehen. Das Kulturhaus, erbaut anstelle des 1946 abgebrannten Strandcasinos, ergänzt seit Mitte der 1990er Jahre entlang der neu gestalteten Promenade die Anlage des Hotels „Maritim" im architektonischen Stil des ausgehenden 20. Jahrhunderts.

Seebad Heringsdorf   *Blick auf Strand und Kurhaus*

1873 begannen die Arbeiten zum Bau des späteren Hotels „Atlantic". Zwischen 1886 und 1906 musste es wegen steigender Gästenachfrage mehrmals erweitert werden. Hamburger und Berliner Investoren gestalteten „Kaiserhof Atlantic" zu eines der schönsten und großartigsten Hotels Europas um. Die unmittelbare Nähe zum Warm- und Sol-

bad sowie „feine" Restaurants trugen wesentlich zum Wohnkomfort der herrschaftlichen Gäste bei. Unter dem Namen „Solidarität" und genutzt als Kurhaus entwickelte sich das vormalige „Atlantic" ab 1952 zum führenden Objekt des FDGB auf der Insel Usedom. Von 1979 bis 1984 ließ der Feriendienst anstelle des abgetragenen Hauses das neue Heim „Solidarität" mit zwei Wohntürmen und sich anschließenden gastronomischen Einrichtungen errichten. Nach der Privatisierung wurde der Komplex modernisiert sowie als Kurhotel und Rehabilitationsklinik wiedereröffnet.

Ostseebad Heringsdorf
Partie mit Hotel Lindemann

Inmitten des Seebades zählte „Lindemann's Hotel", später „Pommerscher Hof", zu den Häusern „I. Ranges". Den „Ruf" konnte das Haus auch in den 1920er Jahren bewahren, als diese Postkarte erschien. In der Wilhelmstraße selbst, heute Friedenstraße, konzentrierten sich Läden und Geschäfte. Das historische Gebäude des Hotels „Pom-

merscher Hof" wurde 2005 durch eine Appartementanlage mit integriertem „Brauhaus" erweitert. Aufgrund der verkehrsbedingten Umgestaltung des früheren Wilhelmplatzes, dann Platz des Friedens, musste der Buchenbestand reduziert werden.

Ostseebad Heringsdorf

„und auf dieser Promenade, vor diesen Hotels […], vor allem auf der Brücke mit ihren großen turmgeschmückten Bazarbau am Kopf […] und dem fashionablen Restaurant am Ende, ein buntes, glänzendes Treiben eines bunten glänzenden Weltstadtpublikums." („Berliner Tageblatt", 21. Juli 1911). „Der landseitige Gebäudekomplex der Seebrücke –

dort, wo schon immer Heringsdorf's gesellschaftlicher Mittelpunkt gelegen hat – bietet auf vier Etagen exklusive Räumlichkeiten für Handel, Gastronomie, Kultur sowie für Ferienwohnungen." (Arbeitsgemeinschaft „Seebrücke Heringsdorf", 1993)

Die „Pension Hintze" in der Delbrückstraße zählt zu den hervorragenden Villenbauten der Bäderarchitektur im Seebad Heringsdorf. Verspielte Fassaden in gepflegten Parks, ausgerichtet zum Meer, Großzügigkeit, Luft und Licht war
das, was das Publikum wünschte und das, was es geboten bekam. Viele der Villen des späten 19. Jahrhunderts nutzte

die Gemeinde nach dem Krieg zu Wohnzwecken. Daran sollte sich auch in den Folgejahrzehnten nichts ändern. Die Reprivatisierung ab 1990 erfolgte unter dem Gesichtspunkt des Denkmalschutzes und führte so zum Erhalt vieler architektonischer Kleinode.

Das „Haus am Kliff", gezeichnet in den 1840er Jahren, entstand in der Ära des Oberforstmeisters von Bülow. Im Besitz des Swinemünder Geheimrates Krause, der Grafen von Schwerin sowie der Familie Lepel prägte es sich zum gesellschaftlichen Treffpunkt aus. Unter den Prominenten findet sich 1863 auch Theodor Fontane. 1859 im Plan des

Seebades als „Säulenhaus" aufgeführt, sollte die Geschichte der Villa am Kliff nachhaltig verbunden bleiben mit der Familie Schering, den Begründern des Pharmakonzerns Schering. Die sogenannte „Scheringsche Villa" ist in ihrer Architektur eines der ältesten baulichen Zeugnisse des frühen preußisch-deutschen Fremdenverkehrs.

Am 1. Juli 1894 konnte die Eisenbahnlinie Swinemünde-Heringsdorf eröffnet werden. 1911 erfolgte die Weiterführung der Strecke bis in die Stadt Wolgast und Heringsdorf erhielt dadurch den kleinsten Kopfbahnhof Deutschlands. Nahezu alle Seebäder Usedoms hatten somit Anschluss an das deutsche Bahnnetz. Das Bahnhofsempfangs- und Abferti-

gungsgebäude wurde bis 1911 den Anforderungen des Personen- und Güterverkehrs angepasst. In dem hervorragend erhaltenen Backsteinbau der „Usedomer Bäderbahn" befinden sich neben betrieblichen Einrichtungen Ausstellungs-, Club- und stilecht ausgestattete Gasträume.

HERINGSDORF   Landungsbrücke

Die hölzerne Seebrücke wurde im Auftrag der Aktiengesellschaft Heringsdorf von 1981 bis 1893 errichtet und 1903
im Anlegebereich erweitert. Der 500 Meter lange Landungssteg überwand das Flachwasser und ermöglichte dadurch
das Anlegen der Seebäderdampfer. Kaiser Wilhelm II. gestattete den Namen „Kaiser-Wilhelm-Seebrücke". Bereits

durch Naturgewalten in Mitleidenschaft gezogen, vernichtete 1958 ein durch Brandstiftung verursachtes Feuer die Anlage endgültig. Eine private Investorengruppe ließ zwischen 1993 und 1995 die neue Seebrücke unter Verwendung von Stahl, Beton und Glas bauen. Die Gesamtlänge der Brücke beträgt 508 Meter.

Die Villa „Miramare", fotografiert 1931, war das Sommerhaus der Berliner Unternehmerfamilie Staudt. Während seiner Tagesaufenthalte in der Hafen- und Festungsstadt Swinemünde weilte Kaiser Wilhelm II. mehrmals in der Villa zur nachmittäglichen Teestunde auf Einladung von Elisabeth Staudt. Die Villa „Staudt", bis 1990 Betriebs-

ferienheim und heute Appartementhaus, ist wegen der Histörchen um den Kaiser und der schönen Witwe zum Anziehungspunkt geschichtsinteressierter Gäste geworden. Im Vorgarten steht auf gemauertem Sockel die Büste Wilhelm I., der als Kronprinz, jedoch nicht als Kaiser, Heringsdorf besuchte.

Die „Schloß-Konditorei" in der Seestraße, ein beliebter Treffpunkt der Badegäste, war eine der vielen kleinen gastronomischen Einrichtungen, die zur Einkehr animierten. Geschäftsfördernd wirkte sich die zentrale Lage im Ortszentrum aus, denn der Besucher frönte gern „dem kleinen Luxus". Über die Heringsdorfer Gastronomie schrieb

1911 Victor Aubertin im „Berliner Tageblatt": „In allen Restaurants und in allen Café's klimpert's und geigt's und trompetet's, italienisch, zigeunerisch und tirolerisch und getreu sitzen wir nebeneinander und lärmen und lachen […]. Gewiß, das gesellschaftliche Bad ist blendend."

Die Fotografie, veröffentlicht 1904, dokumentiert den östlichen Promenadenbereich mit Blick auf die „Kaiser-Wilhelm-Seebrücke". Durch den Pavillon des Bauwerkes, noch auf Land errichtet, führte der Weg vorbei an mehr als zwanzig Geschäften hinaus zum Schiffsanleger. Das architektonisch Besondere der Anlage war die filigrane Turm-

konstruktion über dem Portal. Seit 1995 prägte sich die neue Seebrücke wieder zum Hauptanziehungspunkt von Urlaubern, Besucher und Gästen. Auch die moderne Anlage, architektonisch angelehnt an den Vorgängerbau, verfügt über einen geschlossenen Durchgangsbereich mit Geschäften, Restaurants und Kinosälen. Im Vergleich zur alten Brücke bieten jetzt Außenbereiche Platz für Frei- und Stellflächen und gewährleisten den Zugang von allen Seiten.

Als eines der schönsten Häuser an der Ostsee wird die Villa „Oechsler" bewertet. Erbauer war 1883 der weltweit anerkannte Berliner Typograf, Galvaniseur und Unternehmer Hermann Berthold. 1905 erwarb Hans von Bleichröder das Grundstück. Die „badenden Grazien" im Dreiecksgiebel schuf Antonio Salviati nach einer Vorlage des Malers Anton von Werner. 1919 kam das Anwesen in

den Besitz der Gattin des Fabrikanten Otto Oechsler aus Nürnberg. 1945 richtete sich dort die sowjetische Komman-
dantur ein und zu DDR-Zeiten beherbergte das Haus eine Bibliothek. Der jetzige Besitzer Hermann Hornung aus
Neumünster ließ die Villa vollständig denkmalsgerecht und beispielgebend restaurieren.

Literaturhinweise

- Brockhaus Reisehandbuch Ostseeküste, Brockhaus Verlag Leipzig 1970
- Fontane, Theodor, Briefe in 2 Bänden, Aufbau Verlag Berlin 1968
- Frank, Hans Dieter, Kenning, Ludger, Die Usedomer Bäderbahn, Verlag Kenning 2001
- Gadebusch, Friedrich Wilhelm, Statistische Beschreibung der Insel Usedom, Stettin 1850
- Gildenhaar, Dietrich, Auf der Kaisermeile Ahlbeck, Heringsdorf, Bansin, DAG-Edition Seebad Ahlbeck 2006
- Gildenhaar, Dietrich, Heißer Sommer, Mit Ferienscheck nach Usedom, DAG Edition Seebad Ahlbeck 2007
- Hartwig, Erich, Dr. phil., Chronik vom Seebad Heringsdorf, Klinkicht & Sohn Meißen 1932
- Hüls, Wilhelm, Böttcher, Ulf, Bäderarchitektur, Hinstorff Verlag 2000
- Jochens, Birgit, Die Kaiserbäder auf Usedom: Vorort von Berlin, Heimatmuseum Charlottenburg Wilmersdorf 2006
- Rolfs, Peter August, Die Insel Usedom – Die Insel Wollin, Ein Heimatbuch und Reiseführer, Reprint der Ausgabe von 1933, Husum Verlag 1984
- Rusch, Erhard, Baenz, Ulrich, Heringsdorf, Seebad auf Usedom, Axel Dietrich Verlag Peenemünde 1999
- Rusch, Erhard, Heringsdorfer Geschichten, projekt-agentur-pommern Seebad Heringsdorf 2001
- Tourismusbericht 2002, Zweckverband Seebäder Insel Usedom, Seebad Ahlbeck 2003
- Usedom – Sagen und Geschichten, Demmler Verlag, Schwerin 2005
- Ahlbeck, Heringsdorf, Bansin – Die Usedomer Kaiserbäder, Demmler Verlag, Schwerin 2005
- Usedom, DuMont Verlag, Ostfildern 2006
- Usedom, Karl Baedeker, Ostfildern 2007
- Stürtz Regio: Usedom, Verlagshaus Würzburg, Würzburg 2004

In dieser Serie erschienen

Seebad Heringsdorf –
Die Entwicklung eines Badeortes

ISBN 978-3-939399-11-7

Seebad Bansin –
Die Entwicklung eines Badeortes

ISBN 978-3-939399-10-0

Seebad Ahlbeck –
Die Entwicklung eines Badeortes

ISBN 978-3-939399-12-4

Sie sagen traumhaft, wir sagen typisch Seetel.

Romantik Hotel Esplanade
★ ★ ★ ★

Wie wäre es mit einem wunderschönen Urlaub in einer vor über 100 Jahren als Schloss errichteten Villa?
Erleben Sie die noble Atmosphäre eines kleinen Grandhotels mit langer Tadition in einem Haus,
dessen Baustil an berühmte Palasthotels bekannter Bäder erinnert.

Romantik Hotel Esplanade ★★★★
Seestraße 5 · 17424 Seebad Heringsdorf · Telefon 03 8378 – 700 · Telefax 03 8378 – 704 00
esplanade@seetel.de · www.seetel.de · www.urlaub-ostsee.info

Dietrich Gildenhaar, geboren 1951 in Hödingen, Bezirk Magdeburg, wohnhaft in Seebad Ahlbeck, 1966-70 Besuch der Erweiterten Oberschule Haldensleben, Abitur, Facharbeiterabschluss als Schlosser, 1972-1976 Geschichts- und Germanistikstudium an der Universität Greifswald, Abschluss als Diplomlehrer, 1976-1992 Arbeit als Lehrer, Mitglied der Gesellschaft für Pommersche Geschichte, Altertumskunde und Kunst, seit 1993 Privatunternehmer im Tourismus, journalistische Tätigkeit, freiberuflicher Autor,

Veröffentlichungen u.a.: Insel Usedom – Insel Wollin, Reisehandbuch; Swinemünde 1860-1945 – Ein photographischer Streifzug; Seebrücken – Wunder aus Holz; Bäderarchitektur und Meer – Ostseebäder der Insel Usedom; Heißer Sommer – Mit Feriencheck nach Usedom 1945-1989; Katastrophen – versunken, verschollen, vergessen; Insel Wollin – Reiseführer; Auf der Kaisermeile – Reiseführer

Der Fotograf **Volker Knuth** wurde im Jahre 1940 im Seebad Heringsdorf geboren. Seine Ausbildung absolvierte er als Fotolaborant und erlangte den Meisterabschluss. Als Fotografenmeister war er von 1977 bis 2006 selbständig. Seit 2006 widmet er seine Zeit, um nach Herzenslust selber zu fotografieren. Für das vorliegende Buch war er in den drei „Kaiserbädern" Bansin, Heringsdorf und Ahlbeck unterwegs und spürte genau die Stellen auf, von denen aus seine Berufskollegen vergangener Tage die historischen Aufnahmen machten. Die Auswahl der Aufnahmen richtete sich nach den derzeitigen Möglichkeiten zu fotografieren. Nicht immer war das möglich, manche Sichten sind inzwischen verbaut oder als Privateigentum nicht zugänglich. Die im Buch vereinten Fotos zeigen aber Folgendes: Den Wandel der Zeiten anhand der abgebildeten Personen und schöne Architektur ist unvergänglich.